AF554785

[illegible]ISCOURS

[illegible] PAR MON[illegible]

[illegible] DE POITIERS

[illegible] l'église paroissiale [illegible],

A L'OCCASION

[illegible] ANNIVERSAIRE DU MARTYRE

[illegible] THÉOPHANE VÉNARD

[illegible] POUR LA FOI AU TONG-KING

[illegible]

POITIERS

[illegible] IMPRIMEUR-LIBRAIRE,

[illegible] ÉPERON, 4

1862

DISCOURS

PRONONCÉ PAR

MGR L'ÉVÊQUE DE POITIERS

Le 2 février 1862, dans l'Eglise paroissiale de St-Loup,

A L'OCCASION

DU PREMIER ANNIVERSAIRE DU MARTYRE DE M. J. THÉOPHANE VÉNARD, DÉCAPITÉ POUR LA FOI AU TONG-KING.

Et eritis mihi testes... usque ad ultimum terræ.
Vous serez mes témoins jusqu'aux extrémités de la terre. (*Act. des Ap.* I, 8.)

La parole que vous venez d'entendre, M. T. C. F., est la dernière qui soit tombée des lèvres du Verbe incarné tandis qu'il habitait parmi nous. Après qu'il l'eut proférée, on le vit remonter vers les cieux, et une nuée le déroba aux regards des hommes. Or, ce testament suprême du Christ n'a pas été répudié par notre race; la merveille qu'il promettait s'est accomplie aussitôt, et elle continue de se manifester sans interruption depuis dix-huit siècles. L'Homme-Dieu a eu ses témoins, c'est-à-dire, des hommes qui, au prix de leur sang et de leur vie, se sont faits garants de son incarnation, de sa mort, de sa résurrection, garants de la divinité de sa personne et de la divinité de sa doctrine; il les a eus à toutes les heures de la durée, il les a eus sur tous les points de l'espace, il les a encore, il les a partout, il les aura toujours. Jérusalem n'était pas encore renversée par les armes romaines, que déjà, selon l'oracle du Christ (1), les apôtres avaient témoigné de lui, non-seulement dans la ville sainte et dans la Judée, mais jusqu'au delà des limites de l'empire romain. Le premier siècle de l'ère

(1) Matth. XXIV, 14.

chrétienne n'était pas encore révolu, et déjà le saint pape Clément certifiait que toutes les nations, à la suite les unes des autres, avaient cru au Christ-Dieu (1). Et si l'on m'objecte qu'en beaucoup de lieux ce premier souffle de l'apostolat laissa peu de traces après lui, et que, dans tous les cas, il n'atteignit point la moitié alors inconnue de notre globe, j'accorderai volontiers qu'il était réservé à la succession apostolique de reprendre et de continuer, par un travail plus lent et plus profond, l'œuvre dont les apôtres avaient posé le fondement; de telle sorte que la première prise de possession du monde entier par l'Evangile avant la ruine de Jérusalem, n'était que l'essai et le prélude d'une seconde tâche d'évangélisation plus opiniâtre et plus décisive qui doit s'effectuer successivement sur toute la terre avant la catastrophe finale : *Et in omnes gentes primum oportet prædicari evangelium* (2).

Il aura donc toujours de puissants retentissements dans les âmes, Chrétiens, Mes Frères, ce suprême adieu et ce suprême oracle du Christ à ses disciples : « Vous recevrez la vertu de l'Esprit-Saint qui survien- » dra en vous, et vous serez mes témoins, non-seule- » ment ici et là, mais jusqu'aux extrémités du monde : *Accipietis virtutem supervenientis Spiritus sancti in vos, et eritis mihi testes in Jerusalem, et in omni Judæâ, et usque ad ultimum terræ.*

C'est cette force suréminente de l'Esprit-Saint qui a éclaté dans l'âme de votre jeune compatriote, pieux habitants de cette paroisse, et qui l'a lancé dans la carrière apostolique où il a eu le bonheur de moissonner les palmes du martyre. En ce premier anniversaire de son immolation, nous avons éprouvé le besoin de venir chanter avec vous le cantique de l'action de grâce. Il nous était doux de nous rapprocher de sa maison natale et de son berceau, de nous agenouiller dans ce temple, de nous placer entre ce baptistère et ce tabernacle, et d'entonner là, en l'honneur de l'immense majesté du Dieu Père, Fils et Esprit-Saint, l'hymne de louange que chantent au ciel le collége glorieux des apôtres et la blanche armée des martyrs. Oui, pour ma part, ce m'était une consolation, un soulagement, parmi tant et de si profondes tristesses, d'apparaître aujourd'hui

(1) Omnes gentes per gyrum crediderunt Christo Domino. Breviar. roman. in fest. S. Clement. XXIV novembr. (2) Marc., XIII, 10.

en ce lieu, et d'y consacrer, par une solennité exceptionnelle, cette date du deux février que votre dévotion vous rendra désormais doublement sainte et mémorable. Ne pouvant plus voir ici-bas le visage de celui que j'appelai mon fils, et que le décret des préséances éternelles a installé pour jamais au-dessus du chœur des pontifes, mon amour et ma piété ont voulu du moins retrouver sur ce sol les traces de ses pas, dans cette église les parfums de sa prière, sur le visage de ses proches quelque ressouvenance de ses traits. L'histoire me dit qu'un jour que Louis IX tenait sa cour plénière dans une ville voisine de nous, à Saumur, tous les assistants se montraient à l'envi un jeune prince allemand, et se disaient l'un à l'autre que c'était là le fils de sainte Elisabeth de Thuringe, et que la reine Blanche l'embrassait souvent avec grande dévotion en cherchant sur son jeune front les traces des baisers qu'y avait autrefois déposés la Sainte (1). Mes Frères, une impression semblable a traversé mon âme aujourd'hui. Comment s'en étonner? N'est-il pas naturel que notre amour, que notre religion envers les serviteurs de Dieu nous portent à rechercher et à chérir tous leurs vestiges?

Aussi, ne soyez pas surpris, M. T.-C. F , si je descends de cette chaire sans vous adresser un long discours. Je suis venu ici pour prier, pour m'édifier, pour jouir d'un spectacle consolant et magnifique, pour épancher mon âme devant Dieu et devant vous ; je n'y suis pas venu pour discourir. Et que vous dirais-je que vous ne sachiez d'avance? Tout le passé du pieux Théophane, chacun le connaît ici comme moi, mieux que moi peut-être. Et l'acte final de sa vie, un mot l'exprime plus éloquemment que tous les discours. Il a été martyr, cela suffit, et tout est dit : *Appellavi martyrem: prædicavi satis* (2).

En effet, dès lors que des documents légitimes établissent la certitude et la cause du martyre, le pape Benoît XIV, interprète de toute la tradition, enseigne qu'il n'y a plus place à la discussion de la sainteté, parce que le martyre contient en lui-même toute sainteté, et qu'il implique une pureté absolue et immaculée de l'âme: *omnimoda et immaculata munditia* (3). Et quoiqu'il

(1) *Hist. de sainte Elisabeth*, par M. le comte de Montalembert, c. XXVII. — Joinville, p. 22, éd. 1761. — (2) S. Ambr. L. de Virgin. — (3) De servorum Dei beatificatione. Append. ad Tom III, p. 528, 529.

soit réservé à l'autorité apostolique de déclarer authentiquement l'existence du martyre, et d'autoriser ainsi le culte public et solennel, il est des cas d'évidence si manifestes qu'ils portent avec eux une conviction invincible dans tous les esprits. Or, tel est le cas actuel; incontestablement votre jeune concitoyen a été martyr; et, le saluer de ce nom, c'est l'honorer du plus beau de tous les panégyriques : *Quot homines, tot præcones* (1).

Toutefois, s'il est ici des étrangers dont la pieuse curiosité réclamerait des détails sur l'origine, sur les qualités, sur les vertus du héros de cette fête, leur désir serait facilement satisfait. Les habitants de Nazareth disaient de Jésus, avec une sorte de dédain : « N'est-ce pas là le fils de Joseph, dont nous connais- » sons le père et la mère? (2). » Et le Sauveur faisait remarquer à ce propos qu'aucun prophète n'est le bien venu dans son propre pays, que c'est le seul lieu où il demeure le plus souvent sans honneur (3). Mes Frères, nul de vous ne se donnerait ici un tort semblable. Vous êtes unanimes à proclamer que cet enfant de bénédiction, issu d'une famille chrétienne et honorable, a toujours été parmi vous un sujet d'édification; votre digne pasteur atteste hautement qu'il grandissait en âge, en piété, en grâce et en sagesse devant Dieu et devant les hommes. Que dis-je? Nous possédons sur les pensées et les projets que le jeune Théophane nourissait dès ses premiers ans, un témoignage du plus haut poids, parce qu'il est émané de lui-même. A l'heure où la victime touchait à son sacrifice, et où l'immolation était imminente, une dernière confidence s'échappa de son âme pour passer dans celle de son frère Eusèbe : « Mon » bien aimé, quand tu recevras cette lettre, ton frère » aura eu la tête tranchée; il aura versé tout son sang » pour la plus noble des causes, pour Dieu; il sera mort » martyr!!! Ç'a été le rêve de mes jeunes années. Quand » (je ne veux rien changer à ses expressions,) quand, » tout petit bonhomme de neuf ans, j'allais paître ma » chèvre sur les côteaux de Bel-Air, je dévorais des » yeux la brochure où l'on racontait la vie et la mort du » vénérable Charles Cornay, et je me disais : Et moi » aussi, je veux aller au Tonquin; et moi aussi je veux

(1) S. Ambros., *loc. cit.* — (2) Joan. VI, 42. — Luc. IV, 22. — (3) Matth. XIII, 55, 58. — Marc, VI, 2, 5.

« être martyr ! (1) » O côteaux bienheureux qui dominez la vallée du Thouet, ô sentiers bénis de la montagne, le long desquels cheminait le petit pâtre de neuf ans, portant déjà devant Dieu l'auréole du martyre, parce que son cœur en contenait le vœu et que l'avenir lui en destinait la réalisation ; ah ! désormais vos fleurs seront plus belles, votre verdure plus douce, vos eaux plus limpides, votre aspect plus riant ! A vos brises du printemps se mêleront des senteurs plus exquises, je veux dire, les parfums des bons désirs, les émanations de la sainteté, les célestes odeurs de la grâce divine !

Ce vœu du martyre, Théophane l'a mûri dans son âme, et durant les années de ses études littéraires au collége de Doué, et pendant son cours de philosophie au petit séminaire de Montmorillon, et tandis qu'il se préparait aux saints ordres dans notre séminaire de Poitiers. Dans ces divers asiles, il fut successivement, par son application comme par sa ferveur, le modèle des écoliers pieux, l'exemplaire parfait de la jeunesse cléricale, la fleur des lévites sacrés. Ses maîtres et ses condisciples sont ici présents en grand nombre, et ils ne me donneront pas de démenti. Théophane occupa toujours dans leur estime une place d'honneur : c'était, à plusieurs égards, la perle du noviciat ecclésiastique. Nous en jugions ainsi Nous-même, et nous sentîmes toute l'étendue de notre sacrifice le jour où nous dûmes accéder à sa demande d'entrer dans la carrière des missionnaires. Mais comment enchaîner de si nobles élans ? comment apporter obstacle à l'éminence des dons de l'Esprit-Saint ? Notre paternité spirituelle ne pouvait être moins généreuse que celle de la nature. Or, le père de Théophane avait dit cette grande et mémorable parole : « Si les parents s'opposaient à la vocation des mission-» naires, comment s'accomplirait la prédiction de Jésus-» Christ, qui a dit que son Évangile serait annoncé par » toute la terre ? » D'ailleurs, nous avions le pressentiment que ce jeune homme serait grand devant le Seigneur, et nous le considérions déjà avec respect, tandis qu'agenouillé humblement à nos pieds, il recevait nos derniers conseils et nos dernières bénédictions. Volontiers nous eussions auguré tout haut qu'un jour la gerbe de ce généreux moissonneur se lèverait et se tiendrait de-

(1) Lettre du 20 Janvier 1861.

bout, riche de ses épis d'or et de pourpre, tandis que les nôtres, plus humbles et plus vulgaires, viendraient se ranger autour d'elle et se prosterner en sa présence (1). « Enfant, est-ce que moi, qui suis ton père, et « ceux-ci qui sont tes frères aînés, nous nous courbe- « rons un jour devant toi sur la terre en signe d'hon- « neur et de vénération? » *Num ego, et fratres tui, adorabimus te super terram?* (2). Oui, il en sera ainsi; et nous rendrons grâce au Seigneur si nous vivons assez longtemps pour offrir notre encens à cet enfant béni et pour inaugurer son image sur les autels.

Le noviciat du missionnaire, les circonstances de son départ, les détails de sa vie, de ses œuvres: M. F. un volume se prépare qui vous dira ces choses.

Le biographe puisera à des sources variées. Notre missionnaire avait gardé du vendéen l'attachement au pays, l'amour de la famille, et ce sentiment se traduisait par des correspondances pleines d'intérêt. C'est là que se révèle sa sensibilité profonde, sa délicatesse exquise, et aussi son talent facile, son esprit perspicace, servi par une imagination gracieuse et par un solide jugement. Combien il nous a été doux de feuilleter ces pages! Nous les avons plus d'une fois couvertes de nos baisers, et nous avons à demander pardon d'en avoir maculé quelques-unes de nos larmes.

Une autre mine de renseignements est encore ouverte. Cette âme si franche, si droite, était en quelque sorte transparente, elle se laissait volontiers pénétrer par les yeux amis. Doué d'un caractère confiant et communicatif, Théophane était accessible aux charmes de l'amitié; il avait besoin d'ouverture et d'épanchement. Ce qu'il demandait aux autres, les autres le lui donnaient avec délice. Le connaître, c'était l'aimer. De là ces témoignages empressés qui lui sont rendus de toutes parts. Merci donc, merci à ce vénérable supérieur des missions étrangères qui est venu s'associer à cette pieuse manifestation, et qui ne tarit pas en éloges de notre martyr. Merci à ce jeune missionnaire des Indes, qui fut le confident privilégié de notre Théophane, qui est descendu plus avant qu'aucun autre dans les secrets de cette âme d'élite, et que sa confiance dans l'intercession de son ami a conduit ici aujourd'hui. Voilà les témoins qu'il faut consulter, voilà les panégyristes qu'il faut entendre.

(1) Gen., xxxvii, 7. — (2) Ibid, 10.

Pour moi, je dois hâter mon récit, car j'ai promis de négliger l'homme et de ne parler que du martyr. Avec quel transport il apprit, après une attente assez prolongée à la procure de Hong-Kong, que sa destination était fixée pour la mission du Tonquin! Ah! il s'était dépouillé de sa liberté entre les mains de ses supérieurs; il avait abdiqué tout droit d'opter et de choisir; il ne lui était permis de rien vouloir. Cependant il portait toujours dans son sein cette aspiration que la grâce y avait fait naître de si bonne heure: « Et moi aussi, je veux » aller au Tonquin! » Tous ses vœux sont exaucés. Sa vie entière est désormais liée au Tonquin; le Tonquin est l'occupation de toutes ses pensées. Il n'en parle qu'avec un enthousiasme lyrique. « La mission du Tonquin occi» dental, vers laquelle je vais diriger mes pas, et où mes » affections sont depuis longtemps rendues, est une mis» sion vraiment belle; belle en son organisation forte et » puissante; belle dans le nombre et la ferveur de ses » chrétiens, dont le chiffre atteint 150,000, et plus belle » encore en espérance; belle en son clergé indigène » qui compte 80 prêtres, sous la direction desquels mar» chent 1,200 catéchistes; belle en ses communautés » religieuses où vivent 600 sœurs; belle en ses séminai» res qui renferment 300 séminaristes; belle en son il» lustre chef, Mgr Pierre Retord, évêque d'Acanthe, dont » on peut résumer la louange en disant que, depuis son » épiscopat, il a accru le nombre de ses brebis de 40,000; » belle enfin en ses martyrs, fleurs immortelles que la » main du Seigneur a cueillies dans le champ de sa » prédilection! Les martyrs sont les patrons, les protec» teurs des missions qui les ont donnés au royaume des » cieux: leur sang parle haut devant Dieu, et le souvenir » de leur victoire fortifie le courage de ceux qui demeu» rent encore au lieu du combat. » Et il termine sa lettre en disant: « Dis-moi, frère, quel honneur et quel bon» heur si le bon Dieu daignait... Tu comprends. *Te Deum* » *laudamus... Te martyrum candidatus laudat exerci*» *tus.* (1). »

Ainsi, c'est toujours le cri du petit pâtre de Bel-Air: » Et moi aussi, je veux aller au Tonquin! Et moi aussi, » je veux être martyr! » Le premier de ces vœux était exaucé; le second ne devait pas tarder à l'être.

La robe nuptiale du martyre, plus désirable que la main

(1) Lettre du 19 Mai 1854.

de Rachel, est d'assez grand prix pour se faire acheter. Notre missionnaire l'obtint par sept ans de travaux, par sept ans d'épreuves et de souffrances. Un instant il sembla que le soleil de l'Evangile allait enfin rayonner librement sur le vaste empire d'Annam. De grandes espérances furent conçues ; hélas ! de grandes et lamentables déceptions les suivirent... Les lettres de notre missionnaire contiennent des appréciations qui seront un jour reproduites par le burin de l'histoire. « Ah ! » s'écrie-t-il, à la date du 10 mai 1860, que sont les » probabilités humaines devant les conseils divins ? » C'est donc Dieu qui, pour des raisons à lui seul con- » nues, a permis que l'heure de notre délivrance fût re- » tardée, que même la mesure de nos maux ait débordé » comme une mer en furie qui brise ses digues et porte » partout la désolation et la mort. *Attende, Domine, et* » *miserere, quia peccavimus tibi* ! Oui, ô Dieu clément, » regardez nous avec miséricorde, parceque nous vous » avons offensé. C'est à cause de nos péchés que nos » maux se sont accrus ; et il est mieux que nous frap- » pions notre poitrine, plutôt que d'étendre notre main » pour frapper celle de nos frères. »

Les lettres qui suivirent celle-ci n'étaient plus seulement signées d'un apôtre, mais d'un captif de Jésus-Christ. Je ne me sens point la force de vous les lire, et il y aurait une sorte de crime à les mutiler. D'ailleurs elles sont déjà connues de la plupart de vous. Quel calme, quelle force, quelle sagesse surhumaine dans les réponses faites à ce difficile interrogatoire! On sent l'accomplissement de la promesse du Maître : « Quand il vous feront compa- » raître dans leurs prétoires, quand ils vous citeront de- » vant leurs tribunaux, à cause de mon nom, ne vous » mettez point en peine comment vous leur parlerez, ni » de ce que vous leur répondrez; car ce que vous devrez » dire vous sera donné sur l'heure, et ce n'est pas vous » qui parlerez, mais l'Esprit de votre Père qui parlera » en vous (1) ». La victime est si jeune, elle est si douce, elle porte tant de candeur et de bonne grâce dans ses traits qu'elle excite la compassion de ces barbares, et qu'elle devient l'objet d'un intérêt qui pourrait ébranler sa vertu si sa vertu n'était inébranlable. La cangue, la flagellation, les tenailles, les planches hérissées de clous lui sont épargnées; on lui invente même une chaîne plus

(1) Matth. x., 19.

légère qu'à d'autres. On le conjure de songer à sa jeunesse, de sauver sa vie par un mot, par un geste. « Quoi, s'écrie-t-il, j'ai prêché la religion de la croix » jusqu'à ce jour, et vous voulez que je l'abjure! Je » n'estime pas tant la vie de ce monde que je veuille l'a- » cheter au prix d'une apostasie. » Ce n'est pas seulement à sa foi, c'est à son innocence que des pièges sont tendus. Le prisonnier du Christ se fait vengeur de la morale en même temps qu'évangéliste de la doctrine. Il enseigne à ces payens abrutis la dignité de l'homme et de la femme, et il fait monter sur leurs fronts un commencement de rougeur (1).

Le supplice de sa détention dura deux longs mois Il était entré dans sa cage au jour de la fête de saint André, cet intrépide amant de la croix; il n'en devait sortir, pour monter au ciel, que sous les auspices de sa mère bien aimée, la Vierge Marie, au jour de sa purification et de la présentation de son Fils au temple. Durant toute cette captivité, quels vœux ardents sortaient de son âme pour le salut du peuple qui allait l'immoler! « Grand mandarin, avait-il répondu à son juge, » je suis venu en Annam prêcher la vraie religion; je ne » suis coupable d'aucun crime qui mérite la mort; mais » si Annam me tue, je verserai mon sang avec joie pour » Annam ». « Ah! oui, s'écrie-t-il quelques jours plus » tard, j'ai aimé et aime encore ce peuple Annamite d'un » amour ardent. Si Dieu m'eût accordé de longues » années, il me semble que je me serais consacré tout » entier à l'édification de l'église Tonquinoise (2). »

Cet amour de son peuple d'adoption ne lui fait point oublier les siens. La vue du supplice prochain ne peut tarir la source vive de tendresse qui bouillonne dans son âme. Il est jusqu'à la fin « l'homme bon qui tire » de bonnes choses du bon trésor de son cœur (3). » Jamais sa parole n'a revêtu plus de sensibilité, plus de charme. Les plus aimables souvenirs, les plus douces affections de son enfance viennent s'offrir à son imagination et se placer sous le grossier pinceau qui lui sert de plume. A son vieux père, qu'il croit encore sur la terre et qui est mort depuis un an déjà, à son frère qui vit dans le monde et à celui qui est engagé dans le sacerdoce, enfin, à sa sœur bien-aimée dont il ignore le

(1) Lettres du 3 Décembre 1860 et du 20 Janvier 1861. — (2) Ibid. — (3) Matth. XII, 35

bonheur et qui a pu vêtir enfin le voile des vierges qu'il lui avait tant de fois souhaité, à tous et à chacun, il adresse de derniers adieux, de derniers conseils, de derniers témoignages de tendresse; à tous et à chacun, il donne rendez-vous au ciel. « Peut-être demain, dit-il, » je vais être conduit à la mort. Heureuse mort! n'est-ce » pas? Mort désirée qui conduit à la vie. Selon toute » probabilité, j'aurai la tête tranchée : ignominie glo- » rieuse dont le ciel sera le prix. A cette nouvelle, » chère sœur, tu pleureras, mais de bonheur. Vois » donc ton frère, l'auréole des martyrs couronnant sa » tête, la palme des triomphateurs se dressant dans » sa main. Encore un peu, et mon âme quittera la » terre, finira son exil, terminera son combat. Je » monte au ciel, je touche la patrie, je remporte la » victoire, je vais entrer dans le séjour des élus, voir » des beautés que l'œil de l'homme n'a jamais vues, » jouir de joies qu'il n'a jamais goutées, entendre des » harmonies que l'oreille n'a jamais entendues. Mais » auparavant, il faut que le grain soit moulu, que la » grappe de raisin soit pressée. Serai-je un pain, un » vin selon le goût du père de famille? Je l'espère de » la grâce du Sauveur, de la protection de sa Mère » Immaculée. C'est pourquoi, bien qu'encore dans » l'arène, j'entonne le chant du triomphe comme » si j'étais déjà vainqueur. (1) »

Déjà il était vainqueur en effet. Mais la victoire allait être plus disputée qu'il n'avait cru. Comme le glorieux martyr Ignace, dont la fête a immédiatement précédé son sacrifice, il devait être moulu. Il avait cherché à consoler les siens en leur assurant qu'il n'aurait point à endurer beaucoup de tortures. « Un léger coup de sabre, écrivait-il, séparera ma » tête, comme une fleur printanière que le maître du » jardin cueille pour son plaisir. » Il n'en fut pas ainsi. L'émotion fit-elle vaciller le glaive des bourreaux? la pitié ébranla-t-elle la main de ces barbares? je ne sais; mais ce ne fut qu'au sixième coup de sabre, nous écrit le vicaire apostolique, que la tête fut séparée du corps (2). Jetée dans la rivière, on la retrouva douze jours après à quatre lieues de l'endroit où s'était accomplie l'exécution. Dix autres jours s'étant écoulés, le coadjuteur de ce même vicaire apostolique, le nouvel évê-

(1) Lettre à sa sœur Mélanie, 20 Janvier 1861. — (2) Lettre de Mgr Jeantet, en la fête de St-Joseph, 1861.

que d'Acanthe, le compagnon et le tendre ami du martyr, avait la consolation d'ensevelir de ses mains cette chère tête, et il nourrissait l'espérance de réunir bientôt les membres au chef. Lui-même, sur une fidèle relation, a rédigé aussitôt les actes de ce glorieux martyre (1). Puissent-ils nous parvenir bientôt, et satisfaire notre juste désir de connaître les moindres circonstances de cette fin héroïque !

En attendant, il m'est doux de redire les paroles par lesquelles l'évêque de Pentacomie avait cherché d'avance à adoucir la douleur d'un père qu'il croyait encore vivant. « Déjà, lui écrivait-il, il me semble avoir » vu sa sainte mère, instruite à temps du martyre de » son cher Théophane, courir à la porte du Paradis et » y attendre son bien-aimé fils. Le voyant approcher, » reconnaissant ses traits fins, ses yeux perçants, sa » petite taille, sa parole prompte : C'est bien toi, mon » fils, s'écrie-t-elle ! Tu as été fidèle à la piété et à la » foi que je t'ai si souvent inspirée; tu as confessé ton » Dieu devant les méchants qui le méprisent; tu n'as pas » craint la planche hérissée de clous, ni les verges, ni les » pinces, ni le glaive. Permets à ta mère qu'elle baise les » plaies de ton cou. Comme ils t'ont déchiqueté! C'est ta » gloire, ô mon fils. Viens que je te présente à Marie que » tu as tant aimée; elle te présentera à Jésus, son divin » Fils dont tu as si bien porté la croix, et dont tu as suivi » les pas si courageusement. Viens, en compagnie de ton » ange gardien et de tes saints patrons, viens, je te pré- » senterai aux saints martyrs parmi lesquels tu vas pren- » dre place. Puis, dans notre félicité, nous prierons pour » que ton père si aimant et si tendrement aimé, pour que » ta douce sœur et tes frères chéris viennent tous jouir » du bonheur dont nous jouissons, quand il plaira au bon » Dieu de les y appeler (2). » C'est ainsi, chrétiens, M. F. que deux évêques vénérables, toujours placés eux-mêmes en face du martyre, épuisent toutes les délicatesses de la bonté pour faire parvenir plus doucement les consolations de la foi au cœur d'une famille dont ils se semblent à eux-mêmes être devenus les membres, tant leur affection était vraie, leur intérêt paternel pour celui qui s'est envolé dans la gloire !

Et maintenant, M. T. C. F., il me reste encore quel-

(1) Lettre de Mgr Theurel, 1er Juillet 1861. — (2) Lettres de Mgr Jeantet, 9 Janvier 1861, et de Mgr Theurel, 10 Janvier.

ques mots à dire. Evidemment, dans les conseils divins, de tels holocaustes ne doivent pas profiter seulement aux victimes. De quel augure sont-ils pour ces contrées infidèles? Que nous en reviendra-t-il à nous-mêmes? Pour répondre à ces questions, nous aurions besoin d'être admis dans les secrètes pensées de Dieu. Tout ce qui nous est permis, c'est d'interroger humblement les desseins de sa Providence.

Enfin, enfin, ces terres lointaines, ces plages de l'extrême Orient, si longtemps imbibées des sueurs des apôtres, si souvent engraissées du sang des martyrs; enfin, enfin, ces cités si résistantes à la grâce, si endurcies contre toutes les avances de la miséricorde, vont-elles comprendre et reconnaître le jour de la visite du Seigneur? Ces immenses régions vont-elles finir par ouvrir leur sein au libre règne de l'Evangile? Le redoublement de fureur et de carnage dont nous sommes témoins est-il un dernier effort de Satan contre son vainqueur, et le Christ Jésus s'apprête-t il à s'asseoir bientôt sur les autels des idoles détrônées, à prendre possession de leurs temples purifiés? Tu-Duc, l'atroce Tu-Duc, est il le Maximien-Hercule d'une dixième et dernière persécution, et verrons-nous paraître le Constantin de ce grand empire Annamite? L'avenir réserve-t-il des chrétientés florissantes à ces repaires séculaires de la superstition et de la barbarie? L'Evangile, tant de fois présenté, si longtemps repoussé, sera-t-il un jour la loi de ces peuples? Ah! je ne sais; mais, si certains signes me font espérer, d'autres me font trembler. Du moins, ce que je sais certainement, c'est que le sang des martyrs, quand il ne fait pas germer des peuples entiers de chrétiens, n'est pourtant jamais stérile; ce que je sais, c'est que, pour les ouvriers évangéliques, s'il y a moins de consolation et de fruit à glaner qu'à moissonner, il y a plus de fatigue et de mérite; ce que je sais, c'est que de s'avancer aux dernières frontières du globe pour y porter la lumière de l'Evangile et la grâce de Jésus-Christ à quelques âmes de bonne volonté, c'est le suprême héroïsme de l'apostolat; ce que je sais enfin, c'est que notre sacerdoce est au service de la justice de Dieu, comme il est aux ordres de son amour, et qu'il est dans ses attributions de rendre inexcusables ceux qu'il ne lui est pas donné de conquérir. Certes, l'apostolat catholique n'aura pas failli à sa mission. On pourrait dire même qu'il s'y est acharné jusqu'à l'excès. « En quelque ville que vous entriez, disait « le Maître à ses apôtres, si les habitants vous chassent » et vous repoussent, éloignez-vous de cette cité maudi- » te, et secouez sur elle la poussière de vos pieds comme » un témoignage qui fera sa condamnation (1). Mes Frères, cette parole du Sauveur est la seule que l'apostolat chrétien semble n'avoir pas acceptée. Contre les cités indociles, contre les royaumes rebelles, il s'est saintement obstiné. Cent fois rejeté de ces plages, il a tenté cent fois d'en forcer l'accès; cent fois chassé de ces villes, il en a cent fois franchi les portes. Seigneur, Seigneur, ne convertissez pas en armes de vengeance entre vos mains, ces nobles exploits de la charité sacerdotale; ne changez pas en charbons ardents ces prodiges d'amour. Non, non, nous ne voulons jamais dire avec le psalmiste : « Versez, Seigneur, votre co- » lère sur ces nations qui ne vous ont point connu et sur » ces peuples qui n'ont point invoqué votre nom (2). » Nous vous demandons bien plutôt d'écouter le cri du sang de vos serviteurs, et d'accorder à leur sainte mort les conquêtes que leur vie n'a pu obtenir.

Mais nous vous demandons aussi, Seigneur, de vous souvenir toujours de cet Occident, d'où partent incessamment pour les pays de l'aurore les rayons de votre doctrine et de votre grâce. M. F., nous vivons dans des temps troublés, dans une société profondément ébranlée. Les sages se demandent ce que l'avenir réserve à l'Europe. Serait-il vrai qu'en portant la foi aux nations lointaines, nous hâtons le déplacement du flambeau sacré qui doit s'éloigner de nous? Faut-il croire que la vie chrétienne et catholique est à la veille de nous abandonner, et que la puissance vitale du Christianisme sera transportée à des peuples nouveaux, à des races de néophytes? Fenélon exprima un jour cette appréhension dans un discours qu'on aime à rappeler devant les héritiers de ceux qui l'ont entendu, devant les hôtes de « cette maison d'où sortent les » hommes par qui les derniers restes de la gentilité » entendent la bonne nouvelle (3). » Mais le temps a-t-il donné raison à ces éloquents et sinistres présages? Il ne le semble pas. Ni l'Orient ne s'est enrichi, ni l'Occident ne s'est appauvri dans les proportions

(1) Matth. x, 11–14. — (2) Ps. LXVIII, 6. — (3) Sermon prêché à Paris dans l'église des missions étrangères le 6 janvier 1685.

que l'on prophétisait. Le Seigneur est maître de ses dons. Il ne lui a pas plû de traiter également toutes les nations, et de leur révéler pareillement les dispensations de sa grâce : *non facit taliter omni nationi* (1). Ne scrutons pas la profondeur de ses mystères : l'éternité nous dira que, jusque dans ses préférences et ses apparentes défaveurs, le bon plaisir de Dieu était encore régi par la justice et la miséricorde. Il est des peuples chez qui plus de grâce n'aurait abondé que pour donner lieu à plus de péché, et où plus d'amour eût attisé plus de colère. Quoiqu'il en soit, l'Occident, qui porte dans ses flancs le siège du vicaire de Jésus-Christ, restera jusqu'à la fin le centre de l'Eglise ; là sont les parties nobles de ce grand corps, là sont les organes de la respiration, les grandes artères qui partent du cœur et qui y aboutissent. France, tu garderas toujours tes priviléges. Tu es le principal contrefort de l'édifice divin. La pierre que la main du Christ a posée au versant de tes monts, a besoin de toi comme d'un point d'appui. France, tu seras toujours chrétienne, tu seras toujours catholique, et, pour cela, tu te montreras toujours universelle dans ton apostolat. Continue, continue d'envoyer tes fils à tous les horizons du monde. Plus tu donneras aux autres, plus tu seras assurée de conserver pour toi-même. Non, ils ne s'enrichiront point à tes dépens. En cette matière, donner c'est acquérir ; répandre, c'est amasser ; s'étendre, c'est s'accroître et se fortifier.

O chère et illustre Eglise de Poitiers, garde toujours ce caractère d'universalité qui te distingue depuis ton berceau. Si noble et si fécond que soit ton propre sol, jamais tu ne t'es laissée emprisonner dans les étroites barrières d'un nationalisme rapetissé. Lève tes yeux et vois : aujourd'hui encore, tes enfants sont partout : ils évangélisent les Indes, le Maduré, la Mantchourie, le Sutchuen, la Tartarie chinoise, le royaume de Siam, le Japon. L'un d'eux, armé du bâton pastoral, fait éclore comme par enchantement une forêt d'églises sur le sol des îles Sandwich : Honolulu, Koala, Maui, Halava voyaient hier leurs sanctuaires sortir de terre à sa voix (2). Le Sénégal aurait été témoin de semblables merveilles, si le Seigneur n'avait rappelé prématurément à lui le vaillant ouvrier que nous avions

(1) Ps. CXLVII, 20. — (2) Mgr Maigret (de la congrégation de Picpus), évêque d'Arathie. Lettres du 27 Juillet 1859 et du 17 Juillet 1860. —*Annales de la Propag. de la foi*, mars 1860 et Janvier 1862.

dépêché aux côtes brûlantes de l'Afrique (1). Un autre enfant du Bocage vendéen repose enseveli dans les sauvages montagnes de l'Himalaya, assassiné par le sabre des Michemis aux confins du Thibet (2). L'Océan, me dit-on, vient encore d'engloutir un de nos fils, avant même qu'il ait foulé la terre qui devait être le théâtre de ses travaux. Enfin Théophane Vénard a trouvé les palmes du martyre sur la même terre où le vénérable Charles Cornay les avait déjà cueillies. Merci, mon Dieu, merci de tant de grâces, merci de tant de gloires. Si la voix de votre Esprit parle dans d'autres âmes, qu'elles lui obéissent. Allez, dirai-je, allez anges rapides, allez prompts messagers, allez guérir les maux d'une chrétienté aux abois, allez verser le baume sur ses blessures saignantes ; allez reprendre les travaux de vos frères, cultiver ce qu'ils avaient semé, récolter peut-être des gerbes joyeuses là où ils jetèrent la semence dans les larmes. Nous n'arrêterons point votre ardeur. Nos apôtres, nos martyrs, c'est notre gloire, c'est notre richesse, c'est notre bien. La tribu sacerdotale ne se maintient et ne s'accroît chez nous, que parce qu'elle fournit son ample contingent au recrutement apostolique. Dieu ne se laissera pas vaincre en générosité. Les sacrifices que nous lui faisons de si grand cœur, seront le principe d'une bénédiction plus abondante et plus féconde pour nos missions indigènes.

Finissons. Saint Cyprien recommandait de noter les jours ou quelque chrétien perdait la vie pour la foi : *Dies eorum quibus excedunt annotate* (3). C'est ce que nous avons voulu faire aujourd'hui, M. T.-C. F. Nous avons voulu que, dès ce premier anniversaire, ce jour reçut si bien sa note et sa marque, que le souvenir ne pût jamais s'en perdre parmi vous. Nous avons voulu que cette paroisse pût dire dès à présent cette belle parole de saint Jérôme : « La force des nations, c'est le triomphe » de leurs martyrs; or, nous aussi, nous avons lieu d'être » fiers des nôtres : » *fortitudo gentium triumphus martyrum, et nos in eorum gloria superbi sumus* (4). En cela nous n'avons point empiété et nous n'empiéterons point sur les questions justement réservées au siége apostoli-

(1) M. François-Isaïe Boulanger, Préfet apostolique au Sénégal.— (2) M. Augustin Bourry, massacré en octobre 1853.— (3) Epist. 37, ad clerum. — (4) Comment. in Isa. L. XVIII, c. LXII.

que. Non; nous ne rendrons point encore de culte public à notre martyr. Nous nous contenterons d'étudier ses vertus, d'admirer son courage, et de demander à Dieu la force de marcher sur ses traces. Nous louerons Dieu qui est admirable dans ses saints et qui est saint dans toutes ses œuvres. Nous prierons pour l'extension et la propagation de la foi dans les pays infidèles. Enfin, tenant en nos mains les cierges bénis par l'Eglise dans cette solennité, nous remercierons Jésus et sa Mère d'avoir appelé à eux notre jeune apôtre en cette fête. Car lui aussi fut une cire vierge, une cire pure, par la blancheur de son âme et l'innocence de sa chair; lui aussi, par la générosité de son apostolat, fut une lumière ardente, une cire enflammée. Il méritait donc d'être introduit et présenté aujourd'hui par Marie dans le temple de la gloire. Et, tout-à-l'heure, nous ne pouvions pas ne point associer la pensée du disciple à celle du Maître, tandis que, parcourant processionnellement cette église et cette place publique de sa paroisse natale, nous bénissions le Seigneur de ce qu'il avait daigné préparer une lumière pour l'illumination des gentils et pour la gloire de son peuple d'Israël : *Lumen ad revelationem gentium et gloriam plebis tuæ Israël.* Amen.

POITIERS. — IMPRIMERIE DE HENRI OUDIN.

www.ingramcontent.com/pod-product-compliance
Lightning Source LLC
LaVergne TN
LVHW020506230826
846091LV00008BA/3359

* 9 7 8 2 0 1 1 2 6 6 1 0 1 *